Moise Diedhiou

Fleurs de Paix

Moise Diedhiou

Fleurs de Paix

Éditions Muse

Imprint

Cover image: www.ingimage.com

Publisher:
Éditions Muse
is a trademark of
International Book Market Service Ltd., member of OmniScriptum Publishing Group
17 Meldrum Street, Beau Bassin 71504, Mauritius
Printed at: see last page
ISBN: 978-620-2-29766-0

Fleur De Paix

Moïse DIEDHIOU

Préface

La Bible et le Coran énoncent en connivence et respectivement, dans l'une : « Quand le berger est arrêté, alors le troupeau se disperse » et dans l'autre : « Quant aux poètes, ils sont suivis par ceux qui s'égarent ». Afin que le troupeau ne se disperse et ne s'égare, le berger comme le poète se doivent d'éviter de se faire mettre. C'est-à-dire, éviter simplement de tomber dans le piège de cette tentation abusive que la beauté des vers fait insidieusement au poète au point parfois de marcher sur sa responsabilité.

La poésie apparait dès lors, comme le bâton du berger et doit servir toujours et inlassablement à réintégrer les égarés, à rassembler dans la limite des bornes, borgnes et bornés, autrement dit, à reconstituer le troupeau. Pour ainsi dire que la théorie de « l'art pour l'art, la poésie pour la poésie » doit désormais faire place à celle de « l'art pour l'homme, la poésie pour l'homme ». L'humanité a besoin de vers utiles, soucieux des situations qu'elle traverse, une poésie prête à oublier sa grande beauté pour faire fleurir au centre la responsabilité. Le poète contemporain, ne doit plus être celui qui vit dans les contemplations mais qui contemple l'action, qui s'arme constamment de pensées destinées à servir l'homme. Un chapelet de mots dans le corps en… sans donner tort à…, lève le ruban noir des yeux de brebis perdues, panse les blessures les plus réfractaires à la guérison, plante la fleur de paix et ne se lasse de la nourrir et de l'entretenir, tel est le mélange positif attendu de sa plume et de sa voix.

Je suis poète, je plante la fleur de paix…

Plan

<u>Le son d'un dernier souffle</u> !

La larme noire au coin de l'œil de la liberté tombera encore

Genou à terre pour célébrer le vide autour d'un corps

Malheureusement sa couleur sera encore noire

Ce refrain cynique se joue encore avec les mêmes accords.

Obama président, mon cœur chante toujours « I have a dream »

Ce petit vers dans mon esprit qui fouine la rime

Mais ne croise qu'un « I can't breathe » qui cherche ses pères

Et ne trouve que des paires qui désespèrent.

Aujourd'hui encore, le cou noir sous un genou blanc,

Le souffle s'annonce lent, si lent,

La vie perdit là encore une bataille contre son hombre filant,

Mais point de secours quand le secours ajoute un mort dans son bilan.

Hélas, dans la tribune du calme, la mort interpelle le silence

D'un cœur transpercé par les six lances

Dont s'arme toujours cette maline phobie d'une peau noire

Qui construisit chez les puritains les vrais instants de gloire.

La larme noire au coin de l'œil de la liberté s'écrasera encore aujourd'hui

Mais comme toutes ces années, tous ces siècles, elle restera inouïe,

Invisible pour être tombée un soir sombre, une nuit

Où les démons qui écrivent l'histoire ont le cœur et l'esprit séduits

Par la coupe de sang et la nappe rouge sur la table du capitalisme.

Oh cuir noir ! Mais qu'as-tu fais à ce monde

Pour ne récolter que cris de singe, banane et étranglements ?

Trop de haine te lorgne, te cible, te gronde

Malgré tout le lot de maux, esclavage, colonisation, endurés étrangement.

Les victoires appellent de nouveaux combats nous rappelle

L'inédit qui sous la couette de la conscience nous interpelle

Oh ciel ! Les gouttes tombées du front noir

Ont fait fleurir la belle rose sur les murs de l'Europe et des Etats-Unis

Cet être que certains dénomment guerrier dans les champs, mais nègre le soir

Cet homme qui a toujours libéré le blanc sans avoir libéré ses bras noirs unis

Par les chaines du capitalisme, de l'impérialisme et du racisme

Par le regard lorgnant de petits renégats blancs enfants du colonialisme

Peu importe le discours du maître, mondialisation ou mondialisme

La terre de l'autre ne sera jamais mienne

Une dose de comédie, un scénario pour les acteurs sur la scène

Je voudrais chanter ce soir, dans le noir, le noir d'ébène

Qui tant que l'histoire sera dite par le griot de la plume ne sera roi ou reine

Je voudrais chanter ces grandes dames, ces grands messieurs des terres riches

Qui bizarrement gonflent les statistiques des pauvres dans nos fiches,

Ces braves hommes et femmes qui se sont battus pour le salut de l'autre

Mais finalement contre eux-mêmes car éperdument l'histoire s'en fiche

Très cher vous avez peut-être tort de n'avoir pensé au vôtre

<u>Fleur de Paix</u> (1)

Pauvre fleur, elle sèche, brûle, se fane
Au fond de l'odieuse larve que dégagent les volcans du cœur
Loin des gouttes, de l'amour, du pardon, du bonheur,
Elle agonise lentement telle une pauvre gazelle au milieu des grandes savanes

A quand ce grand jour omniprésent dans mon rêve d'hier?
D'un monde, où les nombreuses couleurs de mains dessinent, glissant comme miel,
Dans le grand Cœur, par l'entrelacement des doigts, un arc-en-ciel
Qui étouffe la méchante flamme de la haine, du racisme, des guerres

Oh ciel ! A quand ce monde où la Torah, la Bible, le Coran
Fondent l'un dans l'autre? Gage d'une fusion d'adeptes
Tolérants, qui ne succombent à la charmante adversité des préceptes
Afin que l'Amour couvre ces différences dans notre subconscient

A quand le départ du sentiment d'atrocité au profit du bonheur,
De l'unité, pour que ce miroir rancunier ne m'exhibe plus le cliché
Des tueries au Rwanda mais le sourire sur un visage noir affiché ?
Plus jamais de bombes en aumône à ces peuples, mais charité au jeuneur

A quand l'acceptation sincère des nôtres comme les vôtres ?
Afin que la barbe n'alerte la menace chez le distinct,
Mais mieux un simple signe de masculinité par instinct
Et que le voile sur la tête ne soit un stimulateur du rejet de l'autre

Oui je rêve! Pour vivre ce que ce monde ne me donne

Je rêve ! Pour voir autour d'une seule et unique table, communiant,
Se délectant du plat aux légumes des cinq continents,
La main noire, la main blanche, la main jaune…

Oui ! Je rêve de ce jour où le soleil envoie ses rayons tous blancs,
Où la lune sympathise par un reflet d'une lumière franche,
Ce jour, où le ciel lance toutes ses colombes blanches
Afin que la force du message heurte les tympans

Que l'humanité entende à défaut de comprendre
Le violent cri de l'urgente urgence de taire les armes
De sécher le ruissellement des larmes
D'offrir enfin aux âmes épuisées un calme pour se détendre

Ciel ! Un petit nid d'espoir pour ces nomades de la guerre
Qui tel un oiseau voyageur, passent d'arbre en arbre
S'abreuvent du reste des lacs, ces êtres sobres
Innocemment forcés à divorcer d'avec le droit à une terre

Fleur de paix, ma fleur contre l'épée
Je te clame, je t'acclame, eh oui je te réclame !
Toi qui enterres les armes, sèche les larmes, pose l'alarme,
Si tu m'entends, viens, cours, vole, apporte-moi la paix

Fleur de paix (2)

Ma fleur de paix, mais qu'est-ce que j'en sais ?

Vit-elle encore bon sang ou vide-t-elle de son sang ?

A temps ! Mon monde a tendu long, attendu longtemps

Ou espérait-il peut-être ne s'en sortir rien qu'en pensée

Que la magie paix des anges racle le miracle de Satan ;

Que le Dieu dans mon manifeste, se manifeste en chantant,

Redonne vie aux enfants par des chants chatouillant ;

Que le bois de mes aïeux, beauté chaste « paste » soleil bouillant.

Mais trop ivre, il rogne tout debout tout de beau

Cette vie entasse les morts, un vrai soir de flambeau

Hélas ! Le nouvel ordre se mesure au nombre de tombes

Et de cris d'amertume des colombes

Blessées par les battements d'ailes de colle-ombres

Nourris par un capitalisme qui fait trop pleurer

Diable ! Ce monde n'a désormais de goût que le dégout des covid

Devenus l'égout d'esprits covides

Qui se heurtent aux claques d'amères tunes

Sous les yeux d'une humanité qui crève sur la dalle de la dune.

Comme vous, je voulais partir…

Comme tous ces jeunes d'Afrique,
Tous ces enfants dont l'intelligence sert à nourrir l'Atlantique,
Comme tous ces pauvres dans la tête
Qui succombent au châtiment des vents, des tempêtes,
Dans le désert au large de la Lybie,
Moi aussi, je voulais partir…
Partir pour gouter aux délices que portent les mensonges
Des rapatriés, des sans-papiers et des cache-jours.
Je voulais partir car comme tous les autres j'aspire au bien être
Mais je m'en voulais tellement quand j'ai regardé le monde
Avec des yeux plus grands que quand j'avais quinze ans.
Comme vous, je voulais partir…
Mais partir pour en pâtir,
Vaut-il vraiment contempler une dernière fois sa terre,
Ses richesses vives et s'en départir ?
Malheureusement face au miracle du rêve, la réalité
Ne suffit guère pour tenir, à fortiori retenir
Ces êtres aux multiples espoirs multiplement trahis,
Ces hommes aux œillères dont les dents vandales des êtres marins
Ne dissuadent de n'aborder des pirogues à la peinture
Masquant l'usure d'un engin voisin de la mort.
C'est bien là que le revers du médaillon de l'espoir
Devient un poison pour l'esprit cartésien
Point de place alors pour la raison tant que le rêve donne raison
A l'ambition d'un monde du tout, à la simple combinaison.
Comme vous, je voulais partir…
Mais que puis-je espérer sur une terre où les siens

Abandonnent leurs rêves à la croisée des crises,
A la rencontre d'un monde qui se défait de l'emprise ?
Et quand je prête mon œil au viol fait à la dignité humaine,
L'homme, un être qui ne sert plus qu'à pomper les poches des passeurs,
L'homme, une créature noble et pourtant une ordure pour l'Atlantique,
Et un intestin perdu pour ces vautours qui survolent tout autour.
Soudainement j'ai pensé à ma fleur de paix,
Et là je me dis alors : je ne partirai pas…

Poète, parle-moi

Parle-moi de ce monde avant de m'exposer un autre,

Du bonheur du maître fait du malheur des sujets,

De celui qui s'empare de tout et des autres sans rien,

Des larmes de souffrances faces aux rires de l'orgueil.

Prête-moi un œil car malgré la beauté du moi,

On aura toujours besoin de la mocheté de l'autre.

Ce grand dialogue entre lui et moi

Ce petit fil qui tient la grande société.

Le poète responsable voit ses deux réalités,

Refuse de se noyer dans l'admiration d'un monde inexistant,

Mais plutôt dans la correction de troubles inquiétants

Alors, ma plume contre l'esthétique étouffante

Ma plume contre le poète de la rime au bon endroit

Elle ne se détourne point des besoins, des douleurs, de l'homme,

Pour chanter l'élite, l'intelligible, les émotions,

Ma poésie est certes dépourvue d'imagination

Car elle va à la conquête des maux plutôt que de mots

Elle ne bercera guère le noble pendant que le pauvre meurt

Elle est plutôt l'arme des faibles, la ciguë des injustes

Ma plume se frotte au papier pour soigner les plaies,

Redresser des têtes, redonner de la dignité.

Pour changer ce monde, il faut changer les têtes

Et changer les têtes c'est changer le poète

Car l'éveilleur non éveillé ne vaut plus qu'un dormeur

« Le poème est une sagesse » disait le Prophète

Mais seulement quand il ne sert à perpétuer le mal

Mais semé, se met au service de l'homme

Imam à temps

J'ai prêché pour mon Dieu, mais aussi pour le diable
J'ai pensé au second quand les repas débordaient à table
Et bien souvent le résultat est épouvantable
Mais de regret en regret, c'est devenu regrettable

J'ai laissé de côté ma Bible pour me consacrer aux fables
Que j'ai oublié le fameux retour au sable
Malgré tous ses petits signes très inlassables
Je virevolte au fond, oh que vivre est lamentable !

J'ai voulu être Imam, Imam à temps
Mais on me disait toujours pour « imam, attends !
Tu es encore si jeune ! Sers d'abord Satan
Pour se ressaisir, on a toujours le temps »

J'ai voulu être prêtre, prêtre à temps
Mais on me prenait toujours pour un prêtre hâtant
Que je sapais l'Eglise, et alors le vas-t-en
C'est épatant, mais c'était patent

J'ai voulu être croyant sans être pratiquant
Mais on me reprocha toujours de n'être dans aucun camp
Ici ou ailleurs, après ou avant,
De Luther, des autres ou du Vatican ?

Mais Imam, prêtre ou rien, ça change quoi en moi ?
Tant que j'appelle à la prière, c'est pareil crois-moi
Que je sois d'ailleurs, de Nazareth, de la « UMA »

Genoux à terre ou dépliés, je traiterai bien le toi en moi

Imam attend ! Mais Imam à quand ?
A-t-on toujours du temps pour le temps ?
Au regard du mal qui se place et se replace
Et que dire du silence des cœurs en face

Mon homme !

Mon homme, comme un point se situe toujours au bout
Mais jamais d'interrogation, une beauté taboue
Il passe subtilement du menteur au grand orateur
Pour bercer ce petit tympan en quête de douceur

Mon homme est savant, m'expose l'image de la Grèce d'avant
Trop veillant jusqu'à être malveillant,
Il laisse entrer les mensonges tout bonnement
Dans le grand temple, mon cœur qu'il garde pourtant jalousement

Mon homme est capable de miracles quand la peur me racle
Il me rassure, me rend sûre, tel le meilleur des oracles
Mon homme n'a guère besoin du nucléaire pour me faire la guerre
Mais juste de mots tendres pour me rendre enfant comme naguère

Mon homme n'est pas forcément homme mais Homme quand même
Il ne se suffit de le dire mais me démontre qu'il m'aime
Il ne changera jamais le «il» pour «elle»
Même quand le monde choisit de parler de lui ou d'elle

Mon homme me torture gentiment
Donne souvent l'impression d'oublier ses sentiments
A la fin me serre toujours contre lui, me sèche les larmes tranquillement
J'adore cette forme de violence, ses petits coups, ses roucoulements

Mon homme pour ce monde, il est blanc, il est jaune, il est noir ...
Cheveux bruns, cheveux blonds, cheveux noirs...

Il est diola, il est sérère, il est toucouleur…

Mais pour moi, il apparait unique en une couleur

Mon homme, je l'aime et je le suis

Quel que soit le monde pour lequel il vit

Ma vie entière je lui confie

Pour qu'à l'arrivée des ennemis de l'amour, ensemble qu'on fuit

Par le détroit de Gibraltar ou par les forêts de Casamance

Sans gris-gris, peut-être par chance

Malgré la distance des chemins par où on passe,

Je retrouverai mon homme pour remplacer les âmes qui trépassent

L'autre moi

Ma femme sans être mère fait de moi un père
J'ai grandi dès le premier jour de notre vie en paire
Ainsi, dans mon monde si vide, enfin un repaire
Elle guérit mes folies, me donne une vie que je n'espère

Ma femme, une vraie beauté d'Afrique, perles aux reins
Dont le passage ne laisse aucun homme serein
Elle est noire, si noire, si naturelle
Armée de rondeurs qui clôturent l'épine dorsale

Je m'estime heureux elle a des lolos en verre
Dans sa grande naïveté, elle a quand même les astuces d'Afrique
Je m'estime heureux elle a un teint, suis fier
Ça me rassure, elle aime mon être, pas le fric

Ma femme, une silhouette aux «bin-bins » déguisés
Accentuant chez l'autre un appétit aiguisé
Ce grand bonheur du soir au retour des champs
Une vraie guerrière, debout dès le premier chant

L'harmonie de ses pas, une cadence
Le rythme de ses perles comme une danse,
Me renvoie au coucher du soleil, j'hallucine
Au point d'oublier son nom, Adèle peut-être ou Pauline

J'ai choisi de ne pas l'appeler « reine de Saba »
Car comme eux j'ai besoin d'une reine qui me compose la samba

Alors tout simplement reine de Moise

Malgré qu'elle me tue, que j'agonise

Ma femme, une création très pure dans son pagne,

Qui glisse subtilement le soir dans son décolleté

Pour répondre au goût de son compagne

Elle est si spéciale, n'expose nullement sa nudité

Ma femme n'est pas esclave de l'artificiel

Elle ne souffre des cicatrices superficielles

Son crane alterne entre peau lisse et passage du peigne

Dans le royaume de mes sentiments elle assure majestueusement son règne

Ma femme aux longues jambes comme une antilope

Perturbe mon regard quand elle oriente son iris

Vers mon être, fumant astucieusement son Oris

Mais au fond les idées marxistes qu'elle développe

Elle appelle en zoom les désirs qu'elle me dope

Dans mes yeux, tout près ces deux images défilent comme une loupe

Au point que dans ma tête son nom change princesse ou salope

Mais du vrai amour elle m'enveloppe

Savoir, et le savoir

Le savoir conscient est une arme
Le savoir sans le savoir désarme
Un danger, une grande porte ouverte aux femmes
Bref, un vrai monstre froid qui affame

Le savoir conditionne l'avoir, car avoir sans savoir
Est un délice pour le savoir sans avoir
Hélas ! Qu'on soit pingre, qu'on soit avare
Il sert à stimuler la sagesse et à ne pas la taire

Le savoir ne s'hérite sinon il s'effrite vite
Le fils du savant n'est savant que s'il s'y invite
Le savoir s'installe quand il est le fruit de sacrifice, de labeur
Sa quête est amie de la solitude mais lui-même des grandes foules

Le savoir profite inexorablement aux autres
Bien souvent aux derniers, les petits apôtres
Ceux qui nous entourent dans les amphis, qui de nous ont pris
Plus que ceux qui en ont payé le prix

Je pense à maman qui coupait tôt son sommeil,
Me tenait au quotidien la main du domicile à la cours
Un papa qui assurait les bouquins, la scolarité, pour mon éveil
Ces deux battants qui m'ont accompagné tout le long de ce long parcours

Malheur que le savant est affilié au pauvre
Comme la vérité l'est à la bouche de l'enfant

La sagesse illumine chez l'autre pendant que chez lui attend

Dommage que l'effort ne lui ait payé son œuvre

Savant en attendant pour être sans vent

Et pourtant j'ai appris de cette vie pas avant

Que malgré les souffrances, le savoir reste utile indéfiniment

Mais plus pour les usagers que pour l'auteur lui-même

Le tort de l'Afrique ...

L'Afrique a tort d'avoir de grands hommes
Hélas ! Ils finissent tous dans le tombeau de l'occident
Peu importe, morts ou vivants,
Pour que l'histoire inventée ne les nomme

L'Afrique a tort d'avoir des enfants qui disent haut
Ce que leurs grands-parents pensaient si bas
De petits enfants, eh oui ! Mais révoltés dans les idéaux
Alors qu'ils étaient encore de pitoyables prématurés ici et là-bas

L'Afrique a tort d'avoir une tête, là où le corbeau blanc
N'attendait qu'un corps triste à picorer.
Ce vaste oiseau qui déteste le coq volant,
Portant l'envie de défendre ces petits ignorés.

L'Afrique a encore tort, et aujourd'hui le sang balise
Oui ! Elle a tort, car étranglée par la lame de la misère,
Elle picore les graines de la fleur de paix, elle capitalise
L'ennemi du souhait de la voir pousser dans la poussière

Mais l'Afrique aura toujours tort quand le juge est blanc
Lui accordera-t-il un jour l'innocence alors qu'il lui refuse l'histoire ?
Les lunettes blanches ne verront pas ses gloires
Si ce n'est le reflet d'une terre des êtres violents

L'Afrique a tort et son crime est d'être riche
Le pétrole, le grand malheur de certains de ces enfants

L'or, une sévère maladie à cause de ce regard subtil qui triche
Raison ou tort, elle vivra tout de même la peine de plus de cent ans

Pauvre continent nourri à l'image du mendiant sur la montagne d'or
Vêtu de haillons, visage renfrogné, la peau collée aux os
Et pitoyablement, ses enfants se réveillent, gelés dehors
Comme de petits orphelins oiseaux

Le tort devient alors le sort de l'Afrique
Ses terres fertiles renforcent la pompe de ventres euphoriques,
De maîtres à la solidarité théorique,
Qui sustentent placidement les scandales pandémiques

Union africaine, l'oignon africain

A la table de la mondialisation,
Les géants dégustent la copieuse sauce aux légumes crus allègrement
La fourchette de l'Occident épingle les ingrédients indécemment
Pour soulager un gros bidon grossièrement affamé de pulsions.

L'Afrique est une bonne sauce,
Dont la variété des saveurs tropicales
Attire les nez les plus pointus aux narines en fosse,
Très assidus aux rendez-vous des gourmandises animales.

L'Union africaine, l'oignon dans la cuisine de la mondialisation,
Accommodée au goût du grand décideur des nations.
La CEDEAO malgré son cacao,
Epice sans arrêt le si bon plat aux légumes à gogo.

Le « salad bowl » au style américain, rayonné
Par le décor des pays africains couchés sur de l'herbe fraîche
Pour orner de plus belle et répondre à la débauche
D'appétit d'un patron au ventre déjà trop ballonné,

Qui somnole paisiblement au contact du parfum
Qui renseigne sur la saveur d'un sérum
Qui bouille silencieusement, mais sûr,
Qu'au service, la nappe ne sera pas blanche mais noire.

Mais que dire du respect de l'harmonie des couleurs ?
Un honneur à chaque composante du plat mondial

Produit par tous et mangé sans doute par un, sans sueur
Sous le regard affamé des cuisiniers au sentiment tout de même cordial

Servir jusqu'à s'oublier a toujours été l'œuvre naturelle de l'Afrique
Œuvre qui a marqué son histoire, marque son présent, certainement son futur
Maîtresse de cuisine continuera-t-elle à cuisiner pour l'ailleurs
Et à mourir de faim au fond de ses hallucinants greniers sans panique ?

Restera-t-elle la dame de cuisine chantée par l'univers
Dans une langue méconnue malgré la beauté des vers ?
Celle qui décore miraculeusement les plats, remplit tendrement les verres
Pour ses hôtes, pour ensuite retourner pleurer sa misère

Les barreaux de la vie

Quand la vie nous sonne, nous empoisonne, a pris zone
Elle noue, sonne, nous passionne, nous emprisonne
On voit superstitieusement, de loin, des lampes qui s'allument
Mais pas tout près, les lumières qui s'éteignent

Quand je me penche vers les amis de cellule
J'entends, à la prise de la fameuse pilule,
Un petit cœur qui virevousse
Sous le poids de comptes qui s'émoussent

De chers voisins qui voyaient décidemment le bonheur tout autour
Mais jamais les morts, les misérables, qui les entourent,
D'anciens compagnons qui ne pensent qu'à bâtir l'empire
Sur la misère des autres qui s'empirent.

Désormais la vie les enferme dans les grosses caisses,
Dans le goulet des grands hôtels, des engins volants sans cesse
Que dire alors du charme des créatures aux comptoirs, qui encaissent,
Du pourboire en échange d'un sourire ou de clin de fesse ?

A la prison de la vie, l'argent ne sert plus à sécher des larmes,
Moins encore à nourrir d'impécunieuses âmes
Il ne va guère à rassasier des ventres trop creux
Mais à combler des désirs trop curieux

Elle nous fait fuir stupidement la liberté qu'on voulait tant
Les ardentes discussions, cette palabre africaine d'antan,

Qui pense les plaies intérieures laissées par maîtresse solitude,
Avant qu'elles ne se convertissent en habitude

Ce cabanon nous dope constamment du modèle américain
Du plus que nécessaire dans un esprit mesquin,
Qu'on se dépasse dans un boyau tel le mort et le mortel
Il peint alors les parentés, les amitiés, les compagnies en virtuel

Hécatombe méticuleuse

L'histoire ne ment, elle se révèle,
S'agrippe au miroir pour qu'on ne la trahisse
L'histoire ne se rend belle, elle se rebelle
Contre ceux qui y puisent leur sens, puis la haïssent

La pirogue de l'histoire dans son voyage des cents ans,
Est restée pingre, elle ne vend,
Ne discrimine, jusqu'aux plus petits, les neuve-ans,
Sans défalcation, ni rajout, elle rend.

Tant de fois les hommes lui ont volé le chapitre
Ils en ont inventé des titres,
Monté de belles et soustrait les sales.
Mais ce soir c'est l'histoire qui parle.

On a fleureté brièvement avec l'hécatombe
Certes, évadé des griffes du drame
Mais tombé sur les décombres des tombes
Où reposent tranquillement les armes.

Aujourd'hui, clair que le bien nous incombe,
A moins qu'on accepte de gré de sombrer.
Quand on a fait connaissance avec la bombe,
On a le choix de tisser amitié, de s'encombrer

De ses malheurs couplés aux saignements du cœur,
Ou de lui livrer la guerre pour sauver la fleur de paix

Qui suffoque sous les coups de canon, se fane de leur chaleur.
Alors là, c'est la belle aventure de l'hécatombe et de la sanglante épée.

Aujourd'hui l'histoire parle aux riches, aux pauvres, aux sans titres,
De la même voix, aux blancs, aux jaunes, aux noirs, aux sans couleurs,
Elle rassemble dans une même salle
Les costards, les haillons, les habits sales.

Quel que soit le manteau que l'œil de l'autre nous arbore,
On est une page importante dans le décor
Du grand livre d'or
Qui garde les pas de vies éparpillées, même ceux qu'il n'adore.

Maîtresse

Le premier envol, n'est pas forcément celui à primer
Parent strict, elle aime se taire, mais cette fois maitresse a réprimé,
Si on s'éteint avant la grande ligne, nature a donné, nature a repris, mais
Les auteurs des beaux tableaux laissent toujours une foule déprimée,

Ivrogne du verre, la rue héberge à contre cœur ses éruptions
Alcoolique des postes, il plonge dans les villas aux sonneries,
Immodéré du savoir, la vie récompense d'une plume chargeuse des librairies,
Démesuré dans les ambitions le pauvre devient essuie des émissions.

Moi, tout petit dans le silence de mes insolences,
Je caresse violemment le papier quand je ne pense
Au rythme du désarroi et de ses déchetteries
Tel une première visite du cheval à sa prairie.

Dans mes pantalons déchirés, presque haillonneux,
Les gifles que me flanque la cravate d'anciens amis au charme parcimonieux,
Le reflet blessant de l'éclat des blazers, des costumes, des petits nœuds,
Me passent en boucle la cécité vaniteuse insoucieuse de l'harmonieux.

Je n'eus compris que j'avais choisi souffrance comme complice,
Point de peau lisse si ce n'est les transes d'une police,
Qui ne survit que de punition de mes pensées jamais propice,
A une loi qui traque par le nom, la lignée, par malice.

Le pinceau divin

Cette femme noire choisit les points sans les i
Comme couleur dominante
A tel point que le noir, le jaune, le blanc, ne l'enchantent
Honte de sa peau peut-être ? Ou plus fière dans celle de l'autre ? Si !

Ma sœur autrefois enveloppée dans le protège noir,
Agonise désormais à chaque visite du soleil au zénith,
Avant d'en être passagèrement délivrée par l'annonce du soir.
Femme noire rejette ainsi l'art du pinceau divin aux œuvres inédites

Pour accorder un amour fou au pinceau humain,
Maître des œuvres sur une page mondaine.
Des magnifiques tableaux, à la peau grignotée désormais jamais pleine
Exposant des veines trempées dans une couleur malsaine

Diable ! La colombe se désaltère dans le petit lac de sang
La pyramide multicolore s'émaille démesurément
Pour quitter au plus vite ses racines et se fixer sur d'autres, jacent,
L'être n'a de repère point d'autre que le dépaysement

Quelle peau puisse briller mieux que la naturelle ?
Une composition, si subtile, si belle
Quelle couleur puisse scintiller plus merveilleusement que la divine ?
Femme est magnifique noire ou blanche, grosse ou fine.

Le dosage naturel, si éclatant, si terne,
Attire le regard envieux, tel un assoiffé au passage de la citerne.

La dépigmentation, un rejet de soi et une violation de l'autre,

Un meurtre contre ma dignité et la votre

Femme nue

Femme nue pour soulager le fameux désir
Insatiable mais que l'homme s'entête tout de même à saisir
Femme nue pour signer notre existence sur terre
Ce tout premier cri qui lance le grand sourire d'une mère

Femme nue en Afrique pour chasser les vents maléfiques
Encore nue afin de délivrer les âmes méchamment volées
Femme nue aux chants magiques
De tous les coins à la recherche d'êtres enrôlés

Femme nue, signe de la malédiction d'un produit anticonformiste
Nue encore pour couvrir son avenir du noir pessimiste
Femme nue quelque part en Afrique pour faire taire les armes
Planter mystérieusement la fleur paix dans les âmes

Femme-nue a son sens en Afrique malgré qu'elle en perde ailleurs
Régularisée, inscrite au chapitre des choses normales
Servie en permanence au grand public, elle en est devenue banale
Chez certains, elle est en œuvre sur les scènes devant des bailleurs

Oh terre noire ! Dis-leur que nudité est symbole
Qui renvoie spontanément le regard de l'autre pole
Femme nue est synonyme de catastrophe, difficulté
Mais aussi d'assurance, d'intrépidité

Femme nue, femme noble, mais sans lendemain
Femme brave, femme des gloires méconnues

Mère des hommes de tenue et d'hommes sans retenue

Femme des deux mains, qui ne remet à demain

Mon monde si égoïste aux yeux trop petit

Ne peux voir sur ta paume la grosse à l'édifice, les abroutis

A l'esprit trop mondain, mais hélas

C'est souvent après qu'ils se disent « pourtant elle était là »

Paradoxe

On a condensé les astres dans les esprits,
Souvent voyagé de Dieu au diable au même prix,
Repoussé d'immenses vagues du mépris
Même si on sait que demain tout aura repris.

On l'a connait, la vie, elle nous décrit
Pourtant on ignore qu'avec V elle s'écrit
Elle souhaite la bienvenue aux anges, avec le diable à table
Quand l'autre en fait un gigantesque livre, l'un n'en aura qu'une fable

Hélas ! Il y a de grandes dans une petite souvent admirable,
Mais de petites histoires dans la grande qui la rendent peu fiable
Plus une page est belle, plus on y trouve des écueils
Mais trop souvent regardés en petits détails

C'est l'étrangeté d'une vie
Qui traine les pieds au rythme d'une survie,
Qui se veut belle mais trop moche pour l'être
Même si elles se fréquentent telle la poste et la lettre

La vie est belle c'est ce qu'on nous dit,
Elle nous amène pourtant à croiser le fer
Avec les chaleureux gardiens du paradis
Et surtout à chercher les bons cœurs en enfer

Vêtue de blanc chez les vampires

Plongée dans les couleurs de la piété
Sous les yeux d'hommes sans pitié,
Elle se retrouve aux reines de l'empire des vampires,
Le monde des dramaturges, des cauchemars, et même pires.

Madame, toute blanche, cultive la graine de paix
Mais sur une terre où il ne pleut que du sang
Ou reste de corps et d'os sont les seuls nutriments
Pour de jeunes plantes sur un espace très épais

Colombe à la découverte de terres, tel un Victor Colombe
Des peuples oui, mais toujours habitées par des vautours
A l'odorat sensible, qui se pavanent aux dessus des tombes
Espérant tomber sur un cadavre à picorer tour à tour.

La fleur de paix est un état, un esprit, un état d'esprit, difficile à semer
Beaucoup de terre ne l'accueille, elle n'y est pas estimer
Tout se bat contre elle, la terre, le temps, le vent
Les ennemis effroyables, les hommes, les animaux, soleil levant

Fleur veut grandir pour sauver son environnement
Mais une croissance à condition que son environ ne ment
A une innocence qui n'a de vie que de sauver des vies
Une œuvre d'une bonne bonté sans devis

Malheureusement, impossible d'accompagner cette fleur à la récolte
Car les oiseaux au bec pointu se targuent de lui voler les graines

Ou avec peu de retard d'en déterrer les racines d'une future révolte

Ou peut-être encore de la dépouiller ou de lui sucer une sève si jeune

Comprendront-ils un jour qu'ils gagneraient

A l'entretenir, à la tenir ? Pour en obtenir

Les grâces d'une paix qui n'a peur de détenir

La flamme qui tend la main à tous malgré les différences qu'on s'imaginerait

Je viens de là…

Je viens de là où l'illusion est si banale

Mais la mort toute aussi qu'elle remplit les anales

Je viens de là où les routes ont plusieurs gueules

Où l'on n'a point d'intimité même quand on est seul

Là où, quand le soleil se déplace et que le noir s'installe,

La peur prend sa revanche, oh ! Que c'est déloyal

Tellement on a peur que les cœurs ne se parlent,

Que le sourire fuit des visages trop pâles

Je viens de là, même si parfois j'ai honte de le dire,

Pourtant elle sera plus grande à tenter de le dédire

L'arbre tant qu'il tient à la vie,

Ne peut se départir de ses racines actives

Je suis de là où tout le monde est malade mais pas de médecin

Où les docteurs harcèlent les patients, où on les supplie pour un entretien

Je suis de là où médecin sans frontière ne connaîtra jamais le renom

A-t-il peut-être trouvé ses premières frontières sans changer de nom ?

Je viens de là où les avions sans moteur survolent toute la nuit,

Où les cerveaux sont en hibernation le jour, en imagination dès minuit,

Oui ! De la terre des grands scientifiques du mal,

Ces êtres à l'instinct sauvage sans êtres animal

Je suis de l'espace choisie pour faire la guerre

Où, on peine à entretenir une femme mais on en prend quatre quand même

Où, on confie la garde à la rue non pas parce qu'on ne les aime

Mais peut-être parce qu'elle peut aussi être une bonne mère

Amour en braises

J'ai posé la hache de guerre qui m'a tranché le père
Je ne sais plus, en pleine mer, dans les airs, par terre
Je ne m'en souviens plus, elle a été conçue par du bois, par acier, par fer
Pour être un homme meilleur mon cœur était à parfaire

J'ai chassé les mauvais souvenirs
Placé à la place des pleurs le rire en devenir
Et à l'inconnu même, j'ai demandé de venir
Car la foi avait réconcilié nos avenirs

J'ai invité l'ennemi à la table de la paix
Hélas, il vint avec son épée
Je lui tendis ma fleur de paix
Il le prit mais le fond de son regard le sapait

L'autre ne voyait que du malheur
Dans une fleur qui lui parlait du bonheur
La paix lui blessait son honneur
Jusqu'à ne sentir l'amour qui sortait de l'odeur

Il était si jeune peut-être pour comprendre
Le message très subtil des cendres
Laissé par les guerres, et les décombres
A la place des cadeaux de noël en décembre

La vengeance n'honore le mort

Et n'épargne le vivant de remord

Le cœur grandit en évitant d'en faire un mentor

Mais en s'agrippant au pardon du tort

Seigneur de guerre, Seigneur de paix

Sur une terre vivent deux mondes
Dans cette aire, règnent deux Seigneurs
Un au chapeau blanc
Un autre au ruban tout rouge de douleur

Hélas ! Les âmes faibles se passent l'insigne
Horrible inscrite sur les flammes soufflant
De fines braises qui survolent éperdument leurs têtes
Quand la clémence n'a de pouvoir que de brandir le tissu blanc

Le silence paisible abdique devant le grand domaine
Où le bavardage des armes indigne les femmes
Dont le pagne s'est ouvert pour donner souffle
Se remettra-t-elle encore au ciel pour y voir destin ?

Dans l'oligarchie de ventre aplatis par les festins
La lance enfuie dans la larve rougit incessamment
En réponse d'une haine insensiblement
Taillée pour percer les cœurs grelottant

Malgré le départ de l'hiver
L'autre doit sa vie à la paix
L'un aussi dira sans cesse merci à la guerre
Pour lui avoir porté le sac d'oxygène malgré les chemins divers

La guerre crée des pauvres, des morts, des remords, des seigneurs
Elle construit aussi des riches, des opportunistes, des Seigneurs

Porte dans son ventre deux mondes

Et sa fin enfante de la souffrance ou du ouf d'un peuple

Le nid de la colombe

Terre des eaux, des montagnes, des forêts…
Terre des grands hommes, Terre des fervents résistants
Terre des piroguiers escaladant les gigantesques vagues de l'atlantique
Terre des maîtres de la sagesse du continent

Pays des indigènes, des visiteurs, pays de la « terranga »,
Pays des pieux, pays des prières en héritage,
Pays de la symbiose, pays de la paix,
On me sonnait les tympans depuis tout petit

Depuis tout petit je me demande :
Et cette petite bande verte,
Où le sang ruisselle depuis plus de trente ans ?
Ou peut-être qu'il en a été amputé

Oh royaume de la colombe !
Au royaume de la colombe, l'oiseau blanc se couche sur du sang
Mais se débarrasse toujours des plumes entachées
Pour rester fidèle à son éclat d'avant

J'ai l'impression que les pieds ne font plus partie du corps
Ou le corps s'embarrasse vite lorsque qu'ils sont sales alors
Mais une fois dépoussiérés, il en crie la paternité
Bien qu'il les ait abandonnés à la maternité

Les plaies du nouveau monde

A vouloir changer le monde, nos vies changent.

La frayeur illumine les jours, et la détresse nos nuits.

A vouloir changer nos vies, le monde se venge.

Alors on vit en cogito jusque près de minuit.

Le petit dieu blanc bute son cuir contre le mur

Le savoir n'a pas de limite? Mais que c'est dur !

Et quand les interrogations se placent, réponse s'efface

Il a choisi la pile quand la face était en face

Et ces bouffées de fumer qui paralysent,

Blessent et blessent encore notre écosystème ?

Mais pourquoi toutes ces profondes blessures qui ne cicatrisent ?

Trouvent-elles pour nom que pollution avec ses nombreux thèmes?

Dans sa quête de déraisonnée de découvertes étincelantes,

Petit dieu blanc jouit larmes ruisselantes.

Hélas ! Là encore il faut quelqu'un pour le chapeau,

Fruit des épices de ses sauts de crapaud.

Quoi de plus écœurant qu'un maître qui punit l'élève

Pour avoir trop bien connecté ses ondes ?

Telle est la nouvelle loi, apprendre et point de rêve

Seuls les maîtres décident de quand démolir ce monde

Petit dieu blanc a vaincu la distance
Mais précipite la mort dans l'ignorance
Plus l'engin est volant, plus la collision est violente
Plus le coup sur la planète est blessant, plus la nature est révoltante

Hélas, trop intelligent pour notre bien,
Nous soufflons sur la toute dernière case en mousse
Ou mieux encore, maître crée des malheurs qu'on se partage bien
A partir d'une graine qu'on observe et attendons qu'elle pousse

Dans les mets, le goût plus succulent,
Un corps plus fébrile et les poumons gémissants.
Ainsi, les vagues menaçant un navire vieillissant
Alimente violemment la sirène du bois coulant

Un autre monde…

Un autre monde, et il ne ressemble en rien
A ce qu'il devrait
Il se fonde sur des racines déjà délabrées trop bien
Il roule, se déroule et s'écroule pour vrai

Et pourtant tout croyant doit à cette graine contre la peur
Même ceux qui ne croient en rien
Croient en quelque chose, le calme intérieure
Dois-je alors, pour le vivre, fuir les infos au quotidien?

Elles nous exposent incessamment un monde faux, un monde volé
Des unes faites, de guerres, d'enfants mutilés, de femmes violées
A chaque contact, la fin s'annonce si proche
Du fait de l'œuvre sinistre d'ennemis ou de proches

Diable, l'idéal d'une vie s'effondre
Exigeant tous les espoirs de fondre
L'argument des belliqueux ne se lasse plus de fendre,
Ne laisse de place à ceux qui veulent la paix mais trop timide pour la défendre

Pour qu'il soit meilleur, c'est certain
Il est indéniable que certains
Devraient en effet la quitter, aller loin
Dans Mars peut-être, je ne sais point

Mais qui pour les en astreindre ?
La lourde méchanceté les laissera-t-ils l'atteindre ?

Je crains même que la beauté de cette planète veuille s'éteindre

Dès qu'ils y posent l'œil avant même qu'ils ne pensent à l'étendre

Horreur des griots

Horreur des griots pour l'outrance de la flexibilité !
De ces compteurs aux listes qui attestent l'éligibilité
Horreur des griots sans encrier,
Déclamant poétiquement l'Afrique des fiers guerriers,

Et fuyant la fermeté de l'exigence de la plume.
J'ai horreur de ces griots qui te chantent là où la larme
Douloureuse ruisselle en silence tout au fond.
J'ai horreur, de cet homme au verbe profond,

Mais qui ne sert qu'à psalmodier les belles pages,
De ce génie errant dans l'enclos du bel âge.
Tellement d'horreur pour ces griots que j'en suis devenu un
Mais jamais accepté par les uns,

Pour sa non-conformité à l'art du lot
Parce que sa langue ne laissera point couler à flot
De belles séquences montées par un esprit mendiant.
Je suis griot et l'histoire n'aura plus le complexe du géant,

Ce griot qui te dit ce que tu es sans souci de ce qui te plait.
Tu en auras certainement, ce que tu aimes, également ce qui te déplait
Dans son petit manuscrit, tu verras à te briller les yeux
Tel un fervent dans des soirs pieux,

A te les frotter tout aussi,
Peu importe l'angle de la silhouette debout ou assis.

Ton œuvre est alors maître d'un sentiment
Que tu vis flegmatiquement ou violemment

A l'abord de ses écrits ou à la rencontre de l'auteur.
Ton histoire, tu en cogiteras plus tu prendras de la hauteur
Mais tu ne pourras y accoler ou en effacer une page
Car aujourd'hui le griot s'arme d'une plume, même sage

Sait-on que l'histoire est faite de moments et d'instants
Constamment en combat avec l'instinct
D'en extraire les moins éclatants ?
Heureusement que le griot a compris la finalité

Le cri de l'histoire

On a vécu l'histoire, faut-il la raconter ?
On a vécu des drames, faudrait-il les compter ?
Jamais le grand bonheur escompté
Malgré de petits épisodes de gloires

Et quand on a semé des révoltés
Serions-nous prêts à récolter ?
Ce qu'il faut pourtant comprendre
Même quand on décide de n'en prendre

C'est l'histoire d'une terre promise à plusieurs
D'une oreille à tendre, mais à quel diseur ?
Terre de la guerre des religions aux interdits qui bougent
Aussi, terre des casques bleus et casques rouges

L'histoire d'une actu à la une rouge
Où défile : attentats, attaques et la Croix-Rouge
La une des tête-à-tête au tour d'un vers de sang
Horreur des corps sans vie, loin du petit écran

Eh oui! La grande histoire des gros ventres au pouvoir
Mais qui dans le calme du soir
Dans les gigantesques décors d'une cours
Leurs pose subtilement le fauteuil de la cour

C'est l'histoire d'une terre où histoire se dessine
Au stylet d'une arme et à l'encre d'une larme

L’histoire d’un continent où les élections ne se gagnent

Dans le champagne les uns se baignent, les autres saignent en campagne

Je suis griot, je fonds les émotions

Pour sortir des décombres du passé de nos actions

Les miettes qui parlent au présent

Oui! Qui n’ont froid de dire le vrai même oppressant

Fils du roi, je ne suis roi

Assis sur la corne d'un continent
Le regard caressant le sable, les pluies, les arbres
J'observe l'histoire en fins rudiments
D'une terre qui grandit, vieillit, rajeunit, jamais sobre

Le livre s'écrit, sur un monde qui étouffe ses cris
Un monde où je suis fils du roi, je ne suis prince
Car ici le fils du roi est aussi roi, il est écrit
Comme mon père, je mets, je démets, je remets les pièces

Je gaspille, je nourris, j'affame, je tue
Le dénier public aussi vaste que ma poche
La loi vous est impersonnelle, devant moi elle s'est tue
Le droit au-dessus de tous, je marche dessus même mes proches

La prison, Dieu m'en préserve
La demeure des sans force, des damnés
Je n'en connais sinon une, le rêve
Mais pour eux le seul moment de se pavaner

Et pourtant l'histoire m'a enseigné que la vie ne recopie
Les nuits toutes sombres sans être jamais identiques
Disait Ekeukeu, le succès du jour ne garantit sa copie
Pour demain même sur les terres de la mystique

Alors tout en perçant les frimas
Savoir préserver toute fraîche la souche

Dans le grand vase de la vie, en primat

Afin d'espérer un bourgeon quand la fleur ouvrira la bouche

Mensonge entre deux mondes

Chien sera toujours enragé pour accepter la noyade
La femme accusera le bébé d'erreur afin qu'elle s'évade
Le gardien de la démocratie verra le diable chez les Afghans
Pour habiller son regard, une main dans le gan

Le mal devenu le grand nomade des bancs
A parfois construit sa petite case dans les 54 étoiles
Parfois encore sur le vaste désert sous une toile
Pour abriter les adeptes du burger ou du turban

Deux mondes se sont rejetés la peau du diable,
Ils se sont coupé les ailes par le verbe
La faute a alors vadrouillé de la Naza à la grande barbe,
De la Tora au Coran, du Coran à la Bible

Hélas ! Il fallait étouffer ce mal dans sa coquille
Avant qu'il ne grandisse davantage et dépose sa béquille
Malheureusement, il change constamment de peau
Arborant successivement les drapeaux

Tantôt il devient ce maudit nucléaire, ces nombreuses étoiles,
Tantôt ce misérable puits de pétrole.
Il change de face selon le regard des hommes,
Selon l'alibi du maître ou du subalterne.

L'anathème se lance alors à l'assaut de légitimation,
Pour faire la sérénade aux esprits sceptiques, sans

Doute pour tendre la main au bain de sang,
Au survol sur tous les toits de l'engin des destructions.

Les talibans seront alors des hommes de terreurs
Jusqu'à ce que le puits de pétrole se tarisse sans vapeur
Quand plus rien ne reste, ils peuvent renouer avec l'humain
S'ils ne restent séduits par la fameuse page de l'inhumain

Dans ce royaume, les sourates détournées,
Valident désormais le vent de morts en tournée,
Dans les villes, les marchés, à la porte des mosquées
Pour se venger d'une oppression masquée

L'histoire de narcisse se répète à vie
Dans mon miroir de peuple élu, je suis la demeure de la beauté
L'autre sera toujours monstre s'il n'est de mon côté
Et tant que ses réserves aiguisent mon envie

Quand les Afghans n'auront plus à offrir
Resterai-je sans autre proie ? Il me faut d'autres
Mais sur des terres qui haïssent la stérilité
J'aurais encore des ressources à fleurir

Ainsi, je dois encore reconstruire l'histoire à déraison,
Une histoire qui me donne raison
Et qui peint artistiquement l'autre en démon
C'est le fameux jeu de la mangue au-dessus de la guenon

De la terreur en chair et en corps,

Des terroristes, il y'en aura encore

Tant que la nappe économique ruisselle sous des terres

Attendant la venue d'un inconnu qui la déterre

L'empereur libyen n'échappera alors pas au boubou du despote

Tant que sa nappe ne sert au pays des petits fils de Franklin

Vivant sur la terre des puritains et son pote,

Deux cœurs insensibles au décompte des cadavres à plein

Le mal élégant

Il est très bien habillé mais reste un mal
Et pour son maître et encore plus pour moi
Cette grande muraille juxtapose deux cases
Mais la plus balaise sur une déjà délabrée

Et que dire de la séduisante rhétorique
Qui enveloppe mollement la vue réelle
Pour une image qui pousse le peuple du bas à consentir ?
C'est l'œuvre des grands sommets, de la télé, des médias

Tous ces outils au service de la majestueuse terrasse
La mondialisation, un mal élégant !
Une ouverture maline aux secteurs sélectifs
Sinon une ouverture dans un seul sens

Un monde qui pense certes mais pour un seul peuple
Un monde où le grand nombre se résigne à la servitude
C'est aussi le nourrisseur de la soif du toujours plus,
Du harcèlement des immeubles, des grosses caisses, du made in US

Je ne peux croire à cette mondialisation qui donne à manger aux uns
Tout en condamnant les autres au jeun
Je ne peux croire à ce projet sécurise les géants
Et crée des guerres chez les gênants

Cette chose montre subtilement l'image d'une vie de poisson
Un monde ou les gros demeure un poison

Sans pitié pour le pauvre nouveau-né

Hélas ! la mondialisation vous refuse d'être mexicain, africain et…

Souffle rouge

Grande bête aux pattes aussi gigantesques
Que celles des créatures titanesques
Ne comptant qu'un orteil chacune,
Elle laisse sa gueule péter le rouge à petit feu

Submergée dans une faim incommensurable
La grosse bête tape ironiquement ses mains
A l'évasion d'une proie pourtant sur le plat
Mais qui ne servira plus de pitance pour demain

L'effrayante Dame au gros œil au centre du front
Maîtresse de la campagne sans compagne ni compagnon
Ne sortait qu'à deux périodes de la journée
Au « ndiolor », entre quatorze et quinze heures

Au milieu de la nuit, quand il ne restait
Que les bruits des bestioles oubliées par le temps
Et les abois de quelques chiens errants
Ses braises illuminent finement les âmes ayant désisté

De sa grande gueule, à chaque bout de sommeil,
Sortait un feu si violent, tout vermeil,
Que de loin, on en apercevait les cornes
Malgré ses beaux récits qui, au jour le jour, s'écornent

L'animal, si immense, si féroce
Qu'il n'avait point d'égal, pas une force

Nul n'osait croiser son chemin, l'affronter

Jusqu'aux hommes aux muscles moins timides et effrontés

Cet être des espaces diola s'impose

Mais jamais à plein temps

Au rythme de ces flammes

Il apparaît puis s'éteint avec elles

Pas une goutte mais Ivre

Telle une vieille plante, son récit a ses racines, sa sève et son feuillage
C'est l'histoire du guerrier de la bouteille blanche
Il est connu pour son courage démesuré, sa violence intolérable
Mais devant un seul ennemi ou même ami qui sait
Un jeune homme aux épaules vieillissantes
Sur lesquelles se pose pourtant un immense espoir
D'une famille au repas unique par jour
Et pourtant lui avait un primat autre
Que les lourdes attentes d'un sac de bouches bien grandes
Aux mâchoires presque abimées par une fermeture
Souvent bien longue souvent assimilable à l'oubli
Un oubli qui quelque fois paraît imprévu
De vielles bouches qui ne s'ouvrent que pour bailler
Mais Essamay n'avait que faire d'une tristesse
Trop fidèle, trop jalouse, trop collante
La seule piste d'infidélité qui s'offrait était le liquide blanc
Il y jeta alors un dévolu sans réserve
Il en prenait trop mais n'en souffrait quand même
Quand il vidait ses bouteilles, d'autres s'enivraient
Son génie s'exprimait dans le « boire pour l'autre »
Il tarissait des futs de vin sans tituber une fois
Mais quand son art fut découvert il n'avait point de compagnie
Il planait seul dans sa silencieuse solitude qu'il risquait d'en devenir fou
C'est ainsi que lui vient en songe un nouveau pouvoir
Un nouvel élan dans son art de la bouteille renversée
Cette fois, il se soulait mais à des séquences courtes
Car à chaque fois qu'il apercevait l'ivresse, il s'évadait

Juste une minute dans les toilettes suffisait pour se vider le ventre

Avant de le remplir à nouveau

Il jouissait pleinement de son art alors que la misère

Etait devenue pour sa famille la seule marre

L'orgueil de la bouteille

Pour Diassylone c'est plus qu'une honte
Que de se faire vaincre par la bouteille au liquide blanc
Diassy n'avait aucun souci pour la couleur, la dose
Tout ce qui pouvait comptait c'est qu'une bouteille
Doit tomber avant de s'en séparer
La quitter sans la rendre transparente est une vraie honte
Pour un homme, un vrai
Ainsi, il défiait toute sa génération
Qui lui ôtait le chapeau en respect à son statut d'imbattable
Si bien qu'un jour, il fut tenté de se frotter contre
Le richissime kémoko, un autre grand videur
Mais ce jour-là, le patron opta pour une position bien étrange
Il promit son adversaire de lui payer le bar
S'il venait à vider d'un coup la bouteille de « sum-sum »
Diassy rit grandement exposant son arsenal de dents
Puis s'exclama : « une seule bouteille » !
Il s'installa confortablement dans sa petite chaise en bois
Souleva la bouteille, la regarda affectueusement,
L'ouvrit avec douceur comme pour ne perdre
Une seule goutte.
Il lorgna un instant les femmes comme si on lui
En avait promis une bonne chair de Casamance
Ricana encore prétentieusement et s'adonna à son art
Il tint la bouteille plongée dans sa gueule
Cinq bonnes minutes avant de s'effondrer quand
Il dépassa juste les ¾
Tout s'éteignit en lui pas même un battement de cœur

Ses condisciples le portèrent, lui caressèrent le ventre avec du sel

Avant de lui envoyer un bon seau d'eau

Qui lui déclencha une grosse toux

Il venait de revenir de l'autre monde

La honte fut plus grande que celle qu'il fuyait

Sankara ou Senghor?

Amoureux de sa Haute-Volta
L'homme n'avait de place dans sa dignité pour une volteface
Devant son peuple, à chaque face à face,
Le regard transmettait fidèlement le message que le cœur récolta

Des relations ensorcelées que ses paires
Nourrissaient dignement avec l'autre rive,
Les escroqueries, les moqueries, jusqu'aux dérives,
Que les petits maîtres, en toute arrogance, leurs imposèrent

Thomas avait honte de l'assimilation, du regard bas,
Devant l'indécence de l'indexage du nez pointu,
Pendant ce temps, la honte habite les petits fils
De l'autre père de la nation de la « terranga »

L'homme aux poèmes chantant les merveilles de sa terre
Mais habillant majestueusement la métropole
Sans mention du vol de l'oiseau blanc noirci par les puits de pétrole
Sur cette terre des hommes braves que la soumission impose de se taire

La plume ne se révolta guère si ce n'est pour chanter femme noire
Il pensait certainement au lendemain autour du verre
Et pourtant à l'opposé l'antipathie remontait pour Thomas
Qui malgré le sucre que promettaient les relations, les gomma

Plan Sénégal Enervant

Mais qui est cette silhouette de PSE
Un plan plutôt énervant qu'émergent
Et que veut dire ce terme devenu une mode ?
Est-il du monde intelligible ?
Ou est-ce l'immaturité du peuple qui le rend non éligible ?
J'ose croire que face à une éthique faillible
Son ombre à son absence ne peut infuser le cercle du possible
La petite boule dans le crane
Me montre constamment le tableau noir du point d'interrogation
A qui s'adresse ce message du PSE ?
A quoi ressemble son auteur, noir, blanc, ou jaune ?
Dans quel monde il a été pensé ?
Pour quel peuple, quelle époque et quel contexte ?
Les hommes de m'ont temps sont si pressés
Qu'ils dépassent les réponses aux maux,
Passent au-dessus des questions que pose leur temps
Ainsi chez un peuple dans la cage de la pauvreté,
Des caisses serviront à construire des aéroports utilisés par d'autres,
Des milliards enfanteront d'un TER qui servira à deux à trois
De telles incohérences révèlent un vol de paternité
Une maturité hypothétiquement immature
Ou une erreur d'appellation,
Projet Sall Entreprise

Piller l'or du cerveau !

Après la chaire, coloniser les cerveaux
S'affiche au tableau du vieux corbeau ;
Cœur resserré, antipathie avérée, monstre réveillé,
Le sifflet de l'assaut retentît sur une raison aberrée.

La force n'est plus nécessaire, hélas
L'esclave a arboré son cuir de servitude
Inadmissible ou insensé peut-être, pense-t-on comme d'habitude
Mais prêt à le vivre comme dans les nobélas ;

Elle est à ce jour, plus atroce, plus douloureuse
Elle est encore plus féroce, remontant les vagues houleuses
De la honte, de l'espoir naissant, de la vergogne,
Pour aller noyer sur la rive de piteux oiseaux, les petites cigognes ;

Le sentiment de révolte s'étouffe alors
Emportant les petites gouttes d'espoir
Sauvées par les résistants, conservés aux portes de Gorée un soir,
Pour faire place à la résignation, ce sentiment d'alors

Mais où est-elle passée cette colère ?
Ce sentiment d'une renaissance renaissante née de la galère
De tous ces corps offerts à l'histoire de Thiaroye ;
Quand le passé n'enseigne le présent, le dernier n'est que cobaye

La colonisation a son dessert, dira l'héritier du subalterne
Mais pour plaire au maitre, le poison du complexe.

Perdu, dans les chaines du mythe, il reste perplexe
Devant l'indépendance qui valut des guerres naguère, une lanterne

Amoureuse de la fausse illusion, juste inaudible,
Elle nous ment si bien, je ne sais comment, indescriptible
Mais elle est dure, horrible, hors cible
Malheureusement, elle traine les vielles, les intellos, les débiles…

Le martyr étudiant

Il n'y a pas plus lourd qu'un mort dans la conscience.
Je voulais apprendre pour vaincre la mort
Apprendre pour enfin surpasser le poids des remords
Mais le puits du savoir a séché, alors le jet de pierres comme science

Je voulais grandir, voulais aider ma mom
Je voulais réussir, voulais sécher des larmes
Je suis allé à l'école pour récolter des diplômes
Je pensais que le savoir était une arme

Diable ! Le temple du savant est si décevant,
Pas plus intelligent que le temple animal
Les cœurs saignent, le désespoir ça fait si mal,
Et quand le premier tombe, on appelle le suivant

De Balla à Fallou Sène justice ne sera pas
Des enquêtes toujours ouvertes, qui se terminent de la sorte
Etudiant et université, le poisson et le happas
Oh que j'ai envie de fuir, quand elle m'ouvre ses portes

Je suis Etudiant je veux apprendre sans avoir
A tenir la pierre face aux sinistres ennemis du savoir
Apprendre, chez ceux qui comprennent « le savoir est une arme »
Mais malheur m'amena au pays où le savoir désarme

Ennemi du mardi et du jeudi, étudier et partir,
Mon vœu, trinque le verre avec étudier en martyr

Ce soir encore, les larmes coulent, les pensées se mouillent, les cœurs se vident

Ce que la vie nous vole nous révèlent toutes ces chaises vides

Se battre pour fuir, se battre pour survivre,
Désormais le refrain de la vie de l'étudiant piteux
L'excellence d'une jungle, où il faut se battre pour vivre,
Prend ainsi le dessus sur l'excellence d'un esprit trop boiteux

Macron, civilisation qu'en sais-tu ?

Assis dans la pirogue esclavagiste
A la main l'indigne rame colonisatrice
Un peuple défiait les vagues honorant la mission civilisatrice
Que dire de ce drapeau tricolore qui flotte au-dessus du navire ?

Civiliser par le fouet, le ravage, le pillage
Tel fut le noble office, souvenirs appellent camp de Thiaroye
Ou peut-être les pages 93 et 94 de l'histoire du Rwanda
Mais connais-tu d'autres chapitres de l'histoire ?

Peut-être les partitions des discours de De Gaulles
Ou peut-être les épisodes de l'aide au sous-développement
Mais l'histoire aura toujours deux visages
L'un nous peint en Narcisse, mais l'autre nous rend plus sage

Macron que sais-tu de la civilisation ?
Ta France t'a menti et en a fait une civile action
Malheur à toi ! Que tes oreilles sont trop jeunes pour croire
Au mensonge que ton griot te conte tendrement le soir dans ton balançoire

Qu'as-tu dit à tes pairs au service du mal ?
Qu'as-tu dit à la grande demeure de tes pères où sévissent les amal-
games, et les diffamations pour stimuler les diversions
Je doute de ton courage à leur tendre ton grand livre de la civilisation

Ton grand livre serait plus charmant s'il intégrait

Toutes ces violences faites aux visiteurs, tous ces cris de singe dans les stades

De France. Civilisation non civilisée ou à degré

Si faible qu'elle n'a de pouvoir pour vos ambassades

Mais ta civilisation n'est qu'une chimère construite sur la sauvagerie

De l'autre, encore là, la fameuse théorie de l'autre

Le grand effort à concevoir une différence, une pure connerie,

A moins qu'on ne parle de civilisation humaine, un cocktail de la mienne et de la votre

Lion chez soi, Loire chez l'autre

Le pouvoir rend fou mais connait ses limites
Tyran chez soi, mais papier volant
Au rythme du souffle de l'Occident
Sans quoi, la chute se précipite

La marionnette transportée par le vent du maître
S'offre aux envols à contrario, et aux dédits
En pur caméléon. Le jeu de couleur comble son être
Au point de vaciller sans vergogne entre le non et le oui

Hélas ! La politique comme les toilettes pleurent le même vaccin
L'entrant accuse toujours le dernier sortant
De les avoir salies à dessein
Oubliant qu'il sera le dernier sortant pour le nouvel entrant

A vouloir trop le pouvoir, la morale se lasse
De construire sa petite case sur une même place,
Au centre de l'être mais incessamment effondrer par l'anormale
Soif insatiable des êtres de s'enivrer du mal

Loire chez l'autre ce gros bidon que ma main désigne
Cette grosse bête qui n'a de pensées sans les consignes
D'un maître qui s'abreuve de son liquide rouge
Qui défile dans les artères d'un corps qui ne bouge

L'arme de la rue toujours plus redoutable que le doute
Sous table des gros bidons amis du prince

Afin que prince cesse de vider les comptes d'une misère qui coute

Et réalise enfin le bruit de veilles dents qui grincent

Cet Etat où de pauvres corps sans os arpentent les vents secs du *walo* sans eaux

Pendant que les sans mérite dégustent allègrement la douce brise des plages

Eh oui, nos beaux Etats resteront debout sur la misère des au-

Tres caressant gentiment et sans vergogne le ventre des uns…

Printed by Books on Demand GmbH, Norderstedt / Germany